EL CUERPO HUMANO

# Los huesos

Sally Hewitt

TODOLIBRO

C/ Campezo, 13 - 28022 Madrid
Tel.: 91 3009100 - Fax: 91 3009118

**Dirección editorial** Natalia Hernández
**Texto** Sally Hewitt
**Asesor** Terry Jennings
**Adaptación al español** Equipo Susaeta
**Diseño** Kim Hall
**Ilustraciones** Chris Davidson



**Créditos fotográficos**
(a = arriba; ab = abajo; m = en medio;
i = izquierda; d = derecha)

**Alamy** Jim Zuckerman 7, Jupiterimages-Polka Dot 17a
**Corbis** Jennie Woodcock-Reflections Photolibrary 19d, Virgo Productions-Zefa 19i
**Getty Images** Barbara Peacock 17a
**Shutterstock** Irina Klebanova 5ab, Teodor Ostojic 5a, Elena Elisseeva 6, Roberto Kylio 8, Olga Lyubkina 8, Julian Rovagnati 8, Kivrins Anatolijs 9ab, Graca Victoria 9a, Philip Lange 10a, Serghei Starus 10ab, George P Choma 11, Ariusz Nawrocki 12, Andresr 13ai, Gelpi 13m, Kameel4u 13ad, Cindy Minear 14, Jiang Dao Hua 15, JoLin 21ab

Las palabras en **negrita** aparecen en el glosario de la página 22.

# Índice

# ¿Qué es el esqueleto?

El **esqueleto** es un gran armazón que proporciona al cuerpo su forma, y nos permite mantenernos erguidos y movernos. **Protege** a los órganos internos, como los pulmones, el corazón, etc.

El *esqueleto* está formado por **huesos** de diferentes formas y tamaños, y cada uno tiene su función.

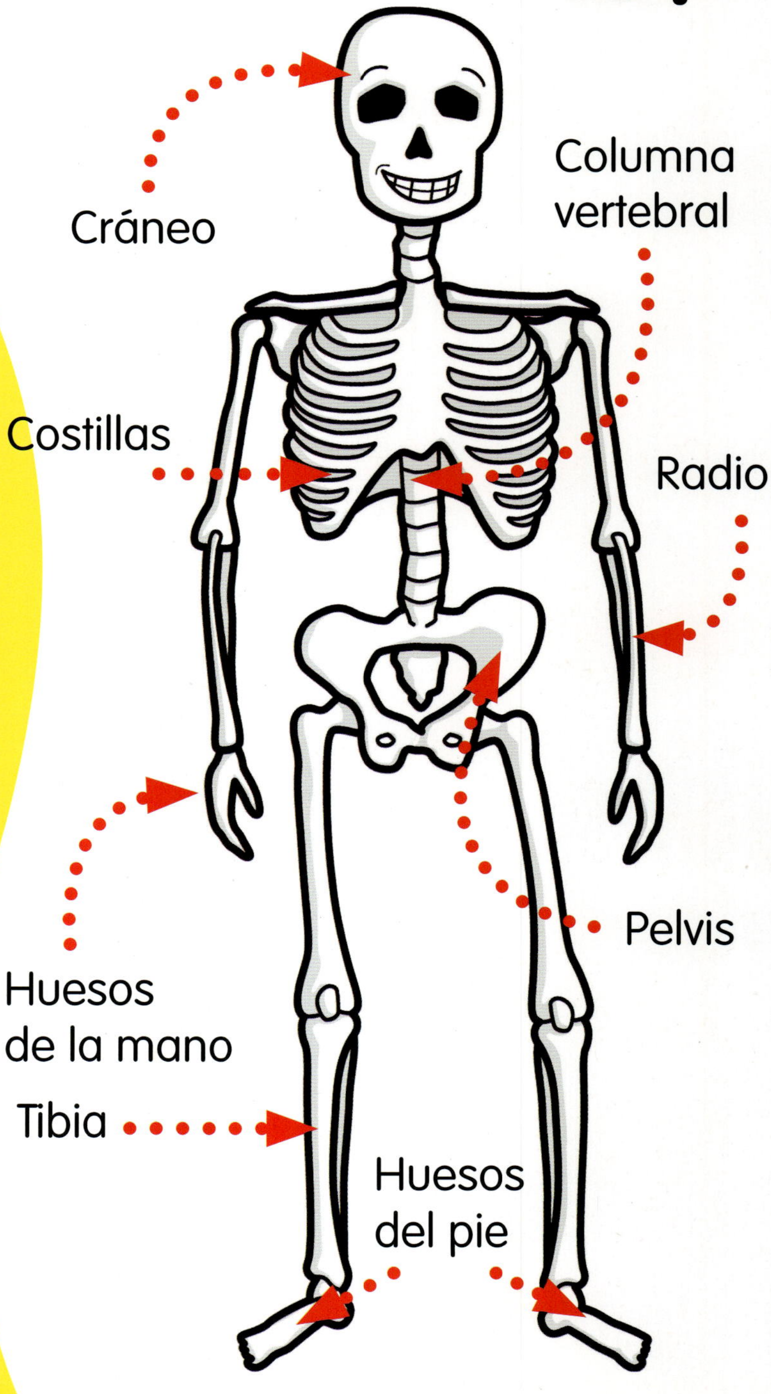

Los huesos que forman el esqueleto crecen y se regeneran. Cuando nos hacemos mayores, los huesos se endurecen y alcanzan su tamaño máximo. Llegamos a tener 206 huesos.

Los bebés tienen los huesos blandos y flexibles.

## Ejercicio

Escoge una parte de tu cuerpo e intenta descubrir qué hueso está debajo.

Gira el hombro y observa cómo se mueven los huesos.

# Los huesos

Los **huesos** necesitan ser fuertes y ligeros a la vez. Ligeros para que puedas moverte, y fuertes para que no se rompan si te golpeas.

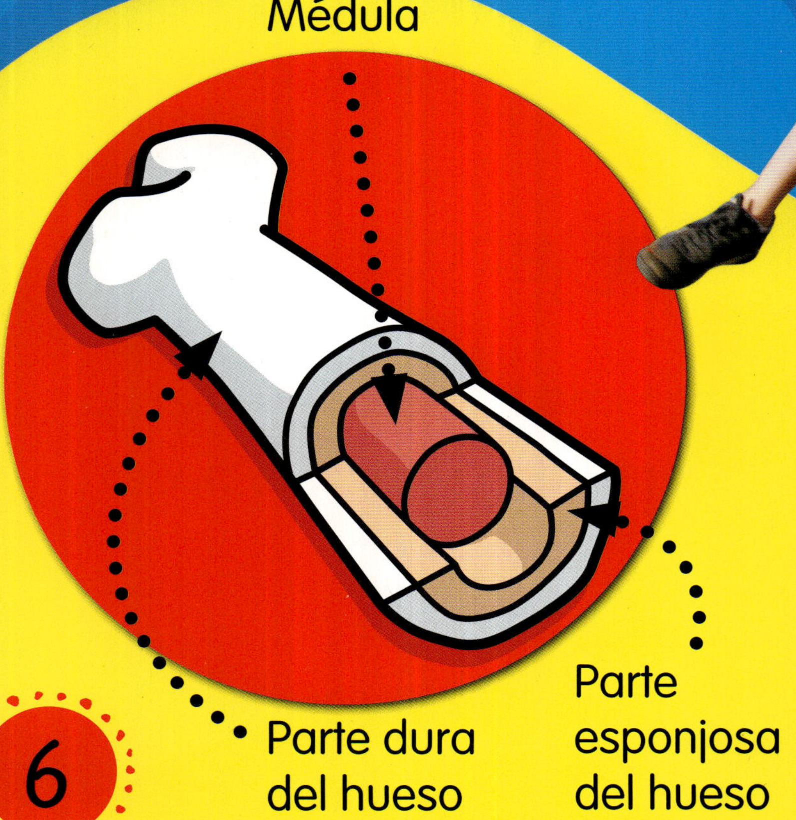


Los huesos son duros por fuera y ligeros y esponjosos por dentro. En el interior de muchos huesos se encuentra la médula ósea.

Los huesos son muy fuertes, pero a veces se fracturan. Si se inmovilizan con una escayola, ellos solos se sueldan y recuperan su forma.

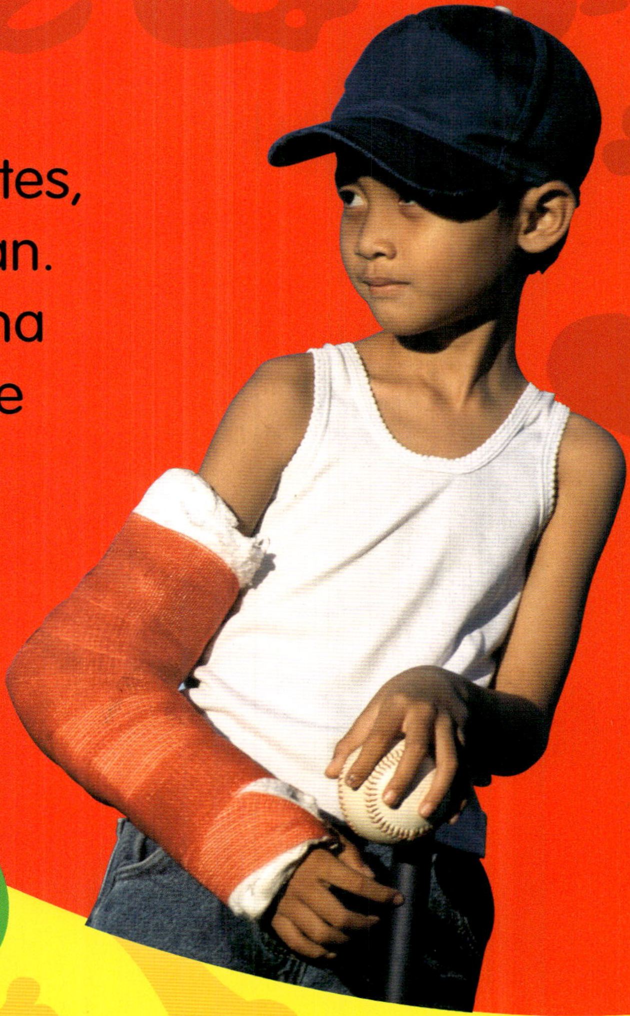

Normalmente se necesitan seis semanas para curar un hueso fracturado.

Si nos rompemos un brazo, acudimos al hospital. El doctor coloca el hueso roto, y nos pone una escayola. Un cabestrillo nos ayudará a sujetar el brazo mientras el hueso se cura.

# Unos huesos sanos

Los huesos, como el resto del cuerpo, se cuidan comiendo bien, haciendo **ejercicio** y durmiendo lo suficiente.

Leche, huevos, queso, yogur, latas de sardinas, verduras, todo ello nos ayuda a mantener los huesos fuertes y sanos.

Cualquier ejercicio que hagamos, como correr, bailar, jugar al fútbol o al baloncesto, nos mantiene activos y ayuda a los huesos a crecer fuertes.

Hay que hacer ejercicio cada día.

Llevar casco cuando montamos en bicicleta protege el cráneo. Cuando patinamos, conviene que utilicemos rodilleras y coderas.

Practica deporte de forma segura para tus huesos.

# Las articulaciones

El punto donde dos huesos se unen se llama **articulación**. Muchas de ellas son móviles.

Si no tuviéramos articulaciones, estaríamos tan rígidos como una estatua.

## Ejercicio

Decide qué articulación quieres mover y observa qué clase de movimientos puedes realizar.

Las articulaciones realizan diferentes tipos de movimientos. Los hombros y las caderas son articulaciones «esféricas»: permiten el movimiento en todas direcciones.

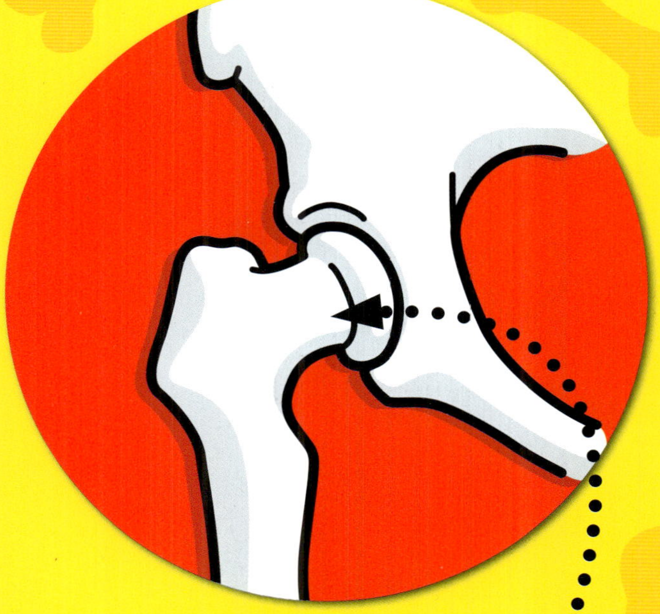

articulación esférica

Los codos y las rodillas son articulaciones de «bisagra». Se mueven adelante y atrás como el gozne de una puerta.

# El cráneo

El **cráneo** está formado por varios huesos. Aunque es muy fuerte, conviene tener cuidado y protegerlo. Tócate la cabeza y observa cómo tiene dos huecos para los ojos, y la mandíbula se abre y cierra cuando hablamos y comemos.

La parte superior del cráneo tiene la forma y el tamaño adecuados para cubrir y proteger el cerebro.

Los huesos del cráneo determinan el aspecto de nuestra cara. Tenemos frente, ojos, nariz, boca y barbilla. Nuestros rasgos faciales nos diferencian de los demás.

Nos quedaríamos perplejos si viéramos a alguien igual a nosotros.

## Ejercicio

Mírate en el espejo y dibuja tu rostro. Luego dibuja el de un amigo. Busca parecidos y diferencias.

# La columna vertebral

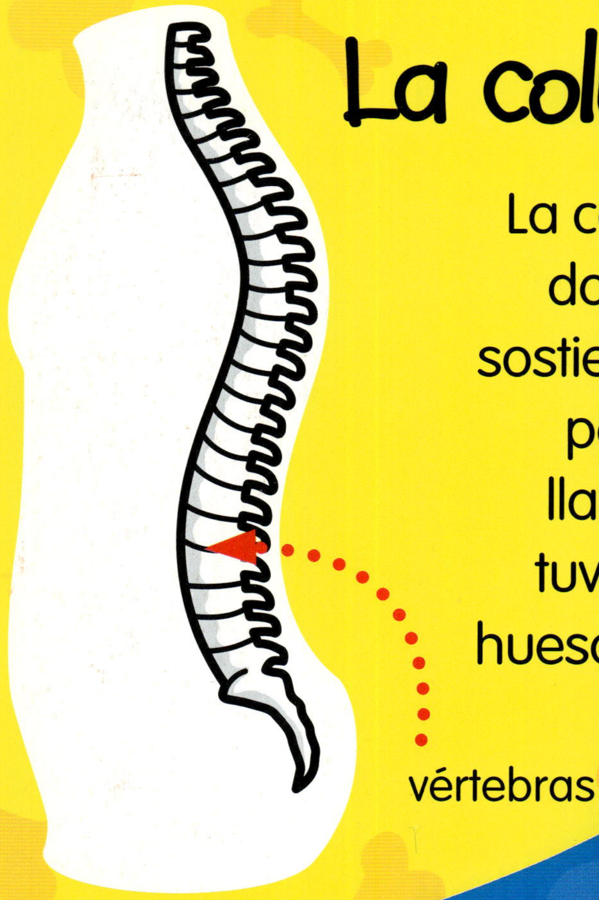


La columna vertebral o espina dorsal recorre la espalda y sostiene el cuerpo. Está formada por 26 pequeños huesos llamados vértebras. Si sólo tuviéramos un único y largo hueso, no podríamos doblarnos.

## Ejercicio

Dobla las rodillas e inclínate hasta tocar los dedos de los pies con las manos, luego incorpórate. Nota cómo la columna se dobla y se endereza de nuevo.

La columna vertebral nos mantiene erguidos. Cuando estamos de pie, caminamos o nos sentamos con la espalda recta, la columna soporta todo el cuerpo. Debemos mantener la espalda erguida para que no nos duela.

Los gimnastas mantienen la espalda siempre muy recta para conservar el equilibrio.

# Las costillas

Las costillas tienen la forma de una jaula. Protegen al corazón, que bombea la sangre a todo el cuerpo, y a los pulmones, que nos sirven para respirar.

Tenemos 12 pares de costillas unidas a la columna. Los primeros siete pares de costillas se unen a la parte frontal del esternón.

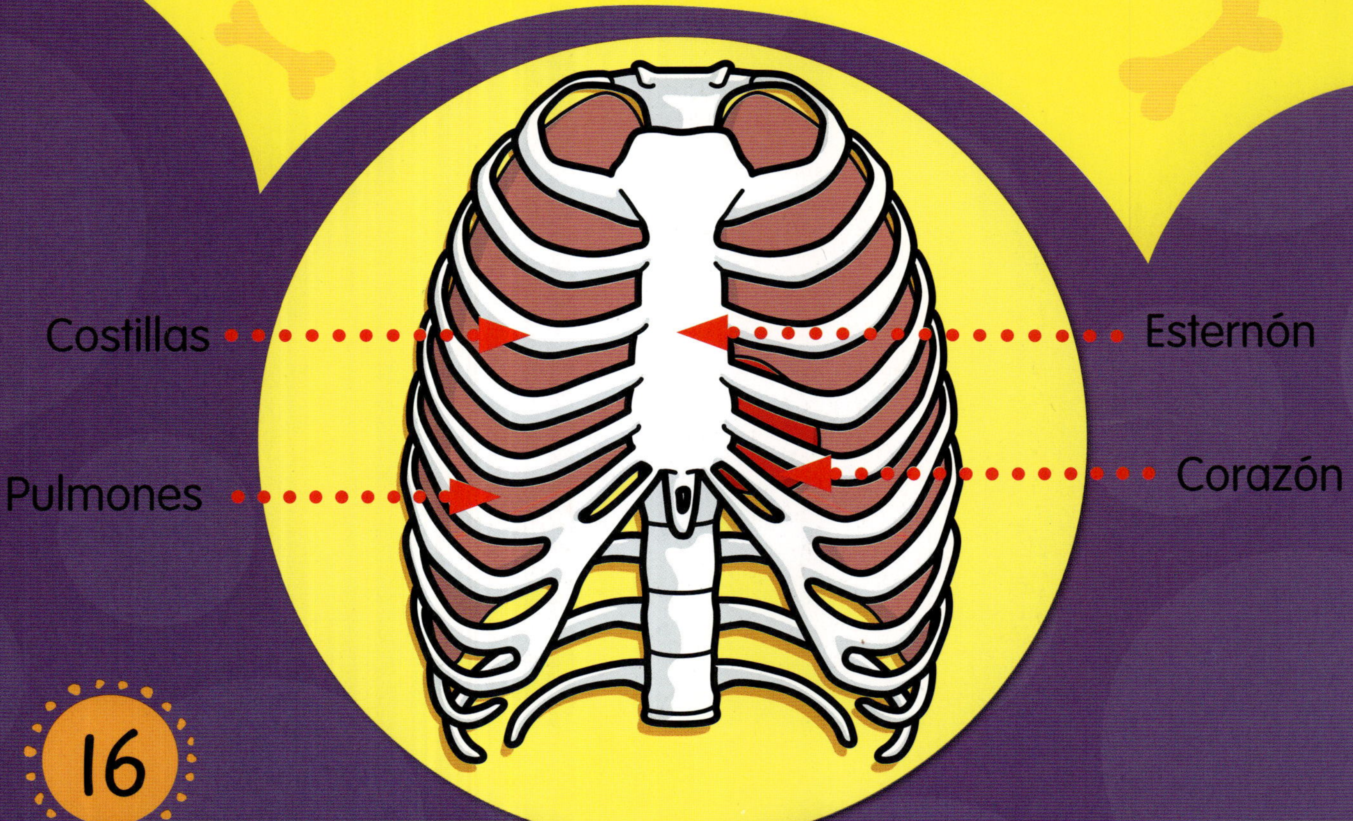

Podemos sentir las costillas al tocarlas con los dedos. También al respirar profundamente es fácil apreciarlas a través de la piel. Algunos niños son tan delgados que se les notan a simple vista.

## Ejercicio

Respira hondo. Coge un globo y sopla, verás cómo se llena con el aire de los pulmones.

# Las manos y los brazos

Usamos los brazos y las manos muy a menudo para coger cosas, escribir y dibujar, y también para jugar.

Tenemos 14 huesos en las manos llamados falanges. Nos permiten realizar movimientos muy diversos.

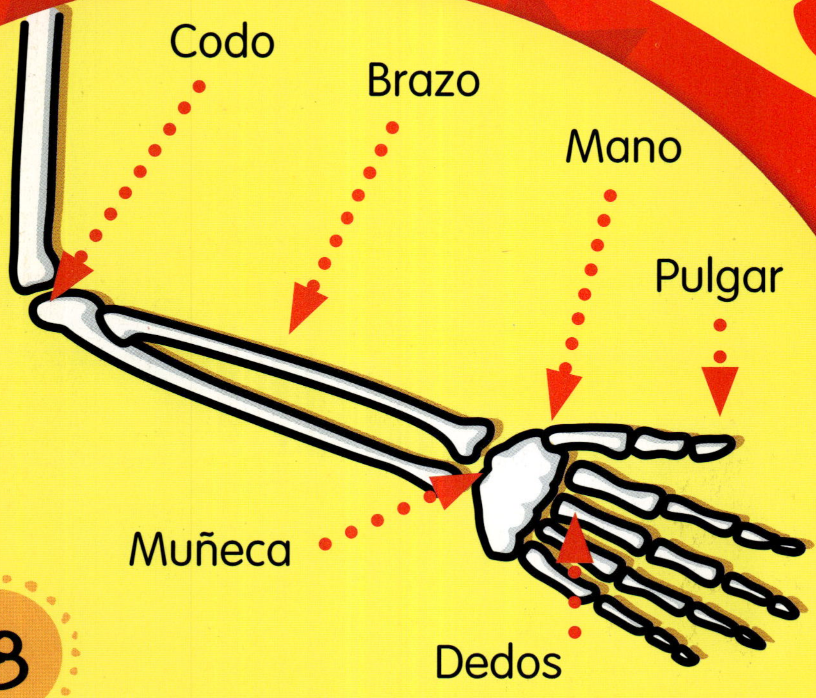

El húmero es un hueso largo situado en la parte superior del brazo. El cúbito y el radio forman el antebrazo y son más delgados. Por su parte, tenemos 27 huesos en cada mano.

Los huesos de los dedos nos permiten hacer movimientos precisos.

## Ejercicio

Realiza una figura con plastilina. Observa cómo mueves los huesos de los brazos y de las manos.

# Las piernas y los pies

Utilizamos las piernas para caminar, correr, saltar, estar de pie o sentados.
El hueso de la parte superior de la pierna es el fémur. Es muy fuerte y el más largo del cuerpo.

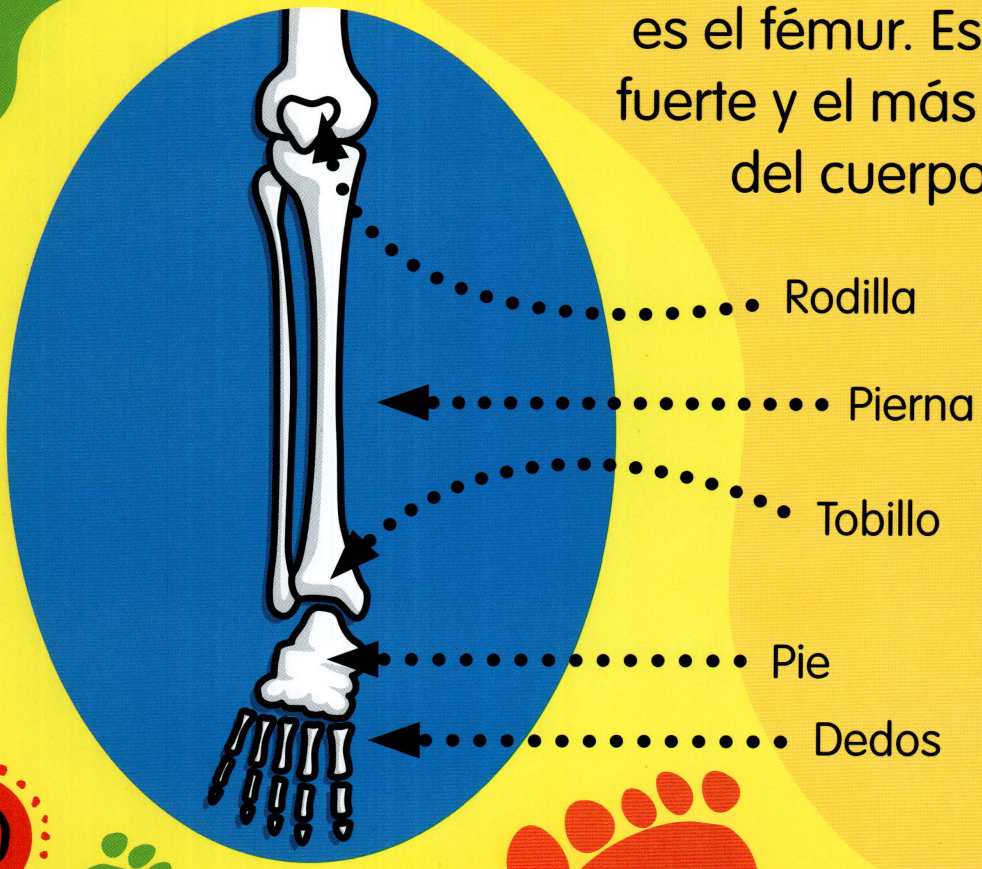

La rótula es un hueso plano y redondeado que se encuentra en la parte frontal de la rodilla. Cuando somos niños, a menudo nos lastimamos las rodillas.

¿Por qué crees que es tan fácil hacerse daño en las rodillas?

¡Es divertido dejar las huellas en la arena de la paya!

## Ejercicio

Pídele a tu madre que te lleve a un parque con arenero y que te deje descalzarte para dejar tu huella en la arena. Ahora, *observa* su forma y disposición.

# Glosario

## Articulaciones

Las articulaciones son el punto de unión entre dos o más huesos. Muchas pueden moverse, como los codos o las rodillas.

## Cráneo

El cráneo es una fuerte estructura de huesos en la cabeza que protege al cerebro. Es una especie de caja ósea.

## Ejercicio

Correr, nadar, saltar, estirarse o jugar a la comba son ejercicios que podemos realizar. El ejercicio ayuda a nuestro cuerpo a mantenerse sano y fuerte.

## Esqueleto

Todas las cosas tienen una forma, por ejemplo, la forma redonda de una pelota. El esqueleto es quien da forma a nuestro cuerpo.

## Huesos

El cuerpo está compuesto por 206 huesos, algunos más grandes y fuertes que otros. Se unen entre sí mediante las articulaciones y todo ello conforma el esqueleto humano.

## Proteger

Es muy importante proteger el cuerpo de caídas y otros peligros. Los huesos protegen los órganos internos.

# Consejos para los padres

**1.** Dibujad un esqueleto juntos. Podéis utilizar la imagen de la página 4 como guía. Hablad sobre la forma de los huesos y sentirlos a través de la piel. Una vez dibujado el esqueleto, recortadlo y pegadlo en una cartulina. Ahora cortadlo en secciones: cabeza, cuerpo, brazos y piernas. Unid cada una con una grapa hasta obtener un esqueleto articulado.

**2.** Visitad un museo donde haya esqueletos expuestos o mirad un libro con imágenes de seres humanos, animales vertebrados o dinosaurios. Advertid que todos tienen cráneo y columna vertebral, y comentad las formas y los tamaños tan diferentes que tiene cada esqueleto y sus huesos.

**3.** Mirad un gusano o un caracol. Observad cómo se mueven sin necesidad de huesos ni articulaciones.

**4.** Comentad cómo hay huesos fuertes y ligeros. Cuando cocinéis pollo, cordero o pescado, haceos con unos cuantos huesos. Observad las diferencias entre ellos e identificar la parte del cuerpo de la que proceden.

**5.** Señalad las zonas del cuerpo que se doblan y nombrad las articulaciones. Podéis jugar al juego de «Simón dice», por ejemplo, «Simón dice dobla el codo» (o la muñeca, la rodilla, etc.). El que se equivoque al doblar la articulación, se tendrá que sentar.

# Índice alfabético